51 Cenas para Fisicoculturistas Altos en Proteína:

Incremente el Músculo Rápido sin Pastillas o Suplementos Proteicos

Por

Joseph Correa

Nutricionista Deportivo Certificado

COPYRIGHT

© 2016 Finibi Inc

Todos los derechos reservados

La reproducción o traducción de cualquier parte de este trabajo, más allá de lo autorizado mediante la sección 107 o 108 de la Ley de Propiedad Intelectual de los Estados Unidos, sin el permiso del propietario de los derechos de autor es ilegal.

Esta publicación está destinada a proporcionar información precisa y fiable en referencia a la temática cubierta. Ésta es comercializada bajo el entendimiento de que, ni el autor ni la editorial, pretenden brindar asesoría médica. . Si requiere asesoría o asistencia médica, consulte un doctor. Este libro es considerado una guía y no debe ser utilizado en ninguna manera que perjudique su salud. Consulte a un médico antes de iniciar este plan nutricional para asegurarse de que es el adecuado para usted.

ACKNOWLEDGEMENTS

La realización y éxito de este libro no hubiese sido posible sin mi familia.

51 Cenas para Fisicoculturistas Altos en Proteína:

Incremente el Músculo Rápido sin Pastillas o Suplementos Proteicos

Por

Joseph Correa

Nutricionista Deportivo Certificado

CONTENIDO

Copyright

Agradecimientos

Acerca del Autor

Introducción

51 Cenas para Fisicoculturistas Altos en Proteína: Incremente el Músculo Rápido sin Pastillas o Suplementos Proteicos

Otros Grandes Títulos del Autor

ACERCA DEL AUTOR

Como nutricionista deportivo certificado y atleta profesional, creo firmemente que una nutrición apropiada le ayudará a lograr sus metas más rápida y efectivamente. Mi conocimiento y experiencia me han ayudado a vivir más sanamente a través de los, lo que he compartido con mis familiares y amigos. Mientras más conoces acerca de comer y beber sanamente, más pronto vas a querer cambiar tus hábitos de vida y alimentación.

Tener éxito en el control de su peso es importante pues esto mejorará todos los aspectos de su vida.

La nutrición es clave en el proceso de ponerse en mejor forma y de esto se trata este libro.

INTRODUCCIÓN

51 Cenas para Fisicoculturistas Altos en Proteína le ayudará a desarrollar el cuerpo que siempre ha deseado, agregando más músculo y reduciendo la ingesta de grasas. Se ha comprobado científicamente que incrementar las proteínas en la dieta, mejora el crecimiento de músculo y el rendimiento en general.

Existen muchos beneficios por agregar músculo a su cuerpo, incluyendo:

- Incremento en la fuerza y resistencia.
- Mejora en la resistencia y en los tiempos de entrenamiento.
- Recuperación más rápida post entrenamiento o competencia.
- Verse más delgado y fuerte.
- Desarrollar una apariencia más definida, incrementando el tamaño del músculo.
- Entrenar más duro y por más tiempo sin agotarse.
- Reducir las lesiones y los calambres.

Este libro le ayudará a:

- Prepararse mejora para lograr sus metas nutricionales.
- Tener una guía sólida en cuanto a cómo preparar grandiosas comidas altas en proteínas.
- Seleccionar fácilmente la receta que se ajusta a sus necesidades para ese día particular.
- Crear un nuevo hábito de comer lo que su cuerpo necesita y no lo que está obligado a comer.

Cambiar sus hábitos nutricionales cambiará cómo se ve y se siente, lo que le dará resultados duraderos, con mejores beneficios a medida que envejece.

Para obtener el máximo de su cuerpo, debe proporcionarle la nutrición adecuada, e incrementar las proteínas en su dieta aumentará su potencial para mejorar.

51 CENAS PARA FISICOCULTURISTAS ALTOS EN PROTEÍNA

1. Pollo a la plancha con naranja

Ingredientes:

3 pechugas de pollo grandes, deshuesadas y sin piel

½ taza de jugo de naranja fresco

1/3 taza de aceite de oliva

2 cucharaditas de jugo de limón

3 dientes de ajo, triturados

½ cucharadita de tomillo deshidratado

1 cucharadita de orégano deshidratado

½ cucharadita de comino picado

½ cucharadita de sal marina

Preparación:

Primero, prepare una marinada. Combine los ingredientes en un bol plástico grande, mezcle bien y agregue el pollo. Selle bien y refrigere durante aproximadamente una hora.

Caliente el sartén a una temperatura media, agregue el pollo y cocine durante aproximadamente 15 minutos de cada lado.

Valor nutricional por 100g:

Carbohidratos 17.1g

Azúcar 9.5g

Proteínas 19.3 g

Grasa total 6g

Sodio 265.2 mg

Potasio 125.1mg

Calcio 19mg

Hierro 8.7mg

Vitaminas (Vitamina A; B-6; B-12; C; D; D2; D3; K; Riboflavina; Niacina; Tiamina; K)

Calorías 154

2. Tocineta y frijoles

Ingredientes:

10 rebanadas de tocineta

1 taza de frijoles verdes, cocidos

2 cucharadas de perejil deshidratado

1 cucharadita de mostaza

1 cucharadita de vinagre de manzana

3 cucharadas de aceite de oliva

½ cucharadita de sal

Preparación:

Fría la tocineta en un sartén grande a temperatura media, hasta que esté crujiente. Cubra y deje a un lado. Mezcle los frijoles verdes con la mostaza, el perejil y el aceite de oliva. Agregue la tocineta y condimente con sal y vinagre de manzana.

Refrigere durante aproximadamente una hora antes de servir.

Valor nutricional por 100g:

Carbohidratos 12.1g

Azúcar 6.3g

Proteínas 14 g

Grasas totales 4g

Sodio 116.2 mg

Potasio 71.9mg

Calcio 21mg

Hierro 7mg

Vitaminas (Vitamina A; B-6; B-12; C; D; D2; D3; K; Riboflavina; Niacina; Tiamina; K)

Calorías 132

3. Chuletas de cordero

Ingredientes:

4 chuletas de cordero, de 1/4 de pulgada de espesor

1 taza de frijoles chili

3 pimientos rojos grandes, rebanados

1 cucharada de aceite de oliva

½ cucharadita de sal marina

1 cucharadita de vinagre de vino tinto

Preparación:

Caliente 1 cucharada de aceite de oliva en un sartén grande, a alta temperatura. Condimente las chuletas con sal marina y vinagre de vino tinto. Cambie a un plato y reserve.

Mientras tanto, agregue los frijoles con chile y los pimientos rojos en un sartén. Saltee, revolviendo ocasionalmente hasta que suavicen. Esto tomará unos 5-7 minutos.

Agregue las chuletas y continúe salteando durante otros 15 minutos. Sirva las chuletas cubiertas con la mezcla de frijoles.

Valor nutricional por 100g:

Carbohidratos 14.1g

Azúcar 4.5g

Proteínas 18.9g

Grasas totales 6g

Sodio 217.1 mg

Potasio 89.1mg

Calcio 29mg

Hierro 4mg

Vitaminas (Vitamina A; B-6; B-12; C; D; D2; D3; K; Riboflavina; Niacina; Tiamina; K)

Calorías 143

4. Tacos de carne

Ingredientes:

1 libra de bistec de ternera

½ taza de jugo de lima fresco

1 cucharadita de sal marina

3 dientes de ajo, picados

½ cucharadita de polvo de chile

4 cucharadas de aceite de oliva

1 cebolla roja pequeña, picada

3 pimientos amarillos

½ taza de maíz dulce

7 tortillas de maíz pequeñas

½ aguacate, rebanado

¼ taza de salsa de soya

2 cucharadas de cilantro picado

Preparación:

Primero, ponga a marinar el bistec. Mezcle el jugo de limon, la sal, el ajo y el chile en polvo en un bol grande. Agregue el bistec y deje reposar durante aproximadamente 30 minutos.

Caliente el aceite de oliva en un sartén grande a temperatura media, durante aproximadamente 5 minutos. Agregue la cebolla picada y los pimientos. Cocine durante aproximadamente 5-6 minutos. Transfiera los vegetales a un plato de reserve.

Ahora, agregue el bistec al sartén. Reduzca el fuego a una temperatura media-baja y cocine durante aproximadamente 10-15 minutos. Agregue los pimientos y mezcle bien. Prepare los tacos con tortillas tibias y aguacate. Agregue la salsa de soya, el cilantro picado y el maíz. Sirva tibio.

Valor nutricional por 100g:

Carbohidratos 16g

Azúcar 11g

Proteínas 13.5 g

Grasas totales 5g

Sodio 126mg

Potasio 78.2mg

Calcio 11mg

Hierro 4mg

Vitaminas (Vitamina A; B-6; B-12; C; D; D2; D3; K; Riboflavina; Niacina; Tiamina; K)

Calorías 87

5. Arroz con aguacate

Ingredientes

3 tazas de camarones, limpios y congelados

1 aguacate mediano, maduro

1 ½ taza de arroz integral cocido

2 huevos

1 cucharada de miel

2 cucharaditas de aceite de oliva

¼ cucharadita de pimienta roja

1 cucharada de vinagre de vino tinto

2 cucharadas de semillas de sésamo

1 taza de frijoles rojos

Preparación:

Caliente el aceite de oliva en un sartén grande a temperatura media. Agregue miel y revuelva bien hasta que se derrita. Ahora, agregue los camarones y fría bien durante unos minutos por cada lado. Condimente con pimienta y retire de la sartén. Utilice el mismo sartén para freír los huevos durante aproximadamente 2 minutos. Transfiera a un plato y corte en tiras.

En un bol pequeño, mezcle el arroz con el vinagre de vino tinto y los frijoles rojos. Cubra con las tiras de huevo, los camarones y las rebanadas de aguacate.

Valor nutricional por 100g:

Carbohidratos 28.2g

Azúcar 13.1g

Proteínas 32.1 g

Grasas totales 11g

Sodio 621.4 mg

Potasio 119mg

Calcio 31mg

Hierro 7mg

Vitaminas (Vitamina A; B-6; B-12; C; D; D2; D3; K; Riboflavina; Niacina; Tiamina; K)

Calorías 181

6. Pollo al limón

Ingredientes:

4 mitades de pechuga de pollo, sin piel y deshuesadas

½ taza de caldo de pollo

2 cucharadas de perejil deshidratado, picado

2 cucharadas de nueces, picadas finamente

1 cucharada de jugo de limón fresco

¼ cucharadita de cáscara de limón

2 cucharaditas de harina de arroz

½ cucharadita de sal marina

¼ cucharadita de pimienta negra

2 cucharadas de aceite de oliva

1 cebolla mediana, picada

1 taza de arroz integral, cocido

Preparación:

Mezcle el perejil, las nueces y la cáscara de limón en un bol. Lave y seque el pollo dando toques. Espolvoree con la harina, la sal y la pimienta.

Utilice un sartén grande para calentar el aceite de oliva, a temperatura media. Agregue la cebolla picada y saltee durante aproximadamente 3-4 minutos. Revuelva bien y agregue la pechuga de pollo. Fría hasta que dore.

Ahora vierta el caldo de pollo y el jugo de limón encima del pollo. Tape y deje cocinar durante aproximadamente 20 minutos a una temperatura muy baja. Incorpore la mezcla de perejil y retire del fuego. Sirva tibio.

Valor nutricional por 100g:

Carbohidratos 28g

Azúcar 10.5g

Proteínas 30.1 g

Grasas totales 9.9g

Sodio 611.3 mg

Potasio 103 mg

Calcio 19mg

Hierro 7.6mg

Vitaminas (Vitamina A; B-6; B-12; C; D; D2; D3; K; Riboflavina; Niacina; Tiamina; K)

Calorías 177

7. Pizza de Espinaca

Ingredientes:

1 masa integral para pizza mediana

¼ taza de salsa para pizza sin azúcar

½ taza de espinaca picada

½ cebolla pequeña, picada

1 taza de queso cottage

½ taza de champiñones, rebanados

¼ taza de ricota, descremado

2 cucharadas de queso parmesano rallado

1 cucharada de aceite de oliva

Preparación:

Precaliente el horno a 350 grados. Extienda la masa para pizza en una bandeja para hornear. Distribuya la salsa encima de la masa para pizza. Ahora, agregue la espinaca y las cebollas. Espolvoree con el queso cottage y los champiñones y prepare una capa final con ricota y parmesano. Rocíe con el aceite de oliva.

Hornee durante aproximadamente 10 minutos, corte y sirva.

Valor nutricional por 100g:

Carbohidratos 29.2g

Azúcar 16.1g

Proteínas 32.2 g

Grasas totales 10g

Sodio 611.4 mg

Potasio 102mg

Calcio 22mg

Hierro 5.7mg

Vitaminas (Vitamina A; B-6; B-12; C; D; D2; D3; K; Riboflavina; Niacina; Tiamina; K)

Calorías 171

8. Pasta con brócoli y ricota

Ingredientes:

1 taza pasta integral

1 taza de brócoli cocido

¼ taza de ricota desnatado

1 taza de salchichas sin grasa cortadas

2 cucharadas de queso parmesano, rallado

¼ cucharadita de sal

2 cucharadas de aceite de oliva

1 cebolla pequeña, en rodajas

1 diente de ajo molido

1/2 cebolla roja mediana, en rodajas finas

1 diente de ajo, rebanado

Una pequeña pizca de hojuelas de pimienta roja triturada

2 cucharadas de pasta de tomate

Preparación:

Vierta 3 tazas de agua en una olla grande. Lleve a ebullición y agregue el brócoli. Cocine durante aproximadamente 10 minutos, hasta que esté suave. Retire del agua y deje enfriar. Córtelo en pedazos del tamaño de un bocado.

Ahora, agregue la pasta en la misma olla y siga las instrucciones del empaque para cocinarla.

Mientras, caliente el aceite de oliva en un sartén grande, a temperatura media. Agregue las salchichas cortadas, las rodajas de cebolla, el ajo, y la pimienta roja. Cocine durante aproximadamente 8 minutos, revolviendo ocasionalmente. Agregue el brócoli cocido y mezcle bien hasta que esté tierno. Vierta la salsa de tomate y cocine durante otro minuto.

Reduzca el fuego al mínimo y agregue la pasta. Agregue un poco de agua si la mezcla se ve seca. Incorpore la ricota desnatada y el queso parmesano. Sirva tibio.

Valor nutricional por 100g:

Carbohidratos 26g

Azúcar 11g

Proteínas 28.3 g

Grasas totales 9g

Sodio 421.1 mg

Potasio 128.1mg

Calcio 19mg

Hierro 8.7mg

Vitaminas (Vitamina A; B-6; B-12; C; D; D2; D3; K; Riboflavina; Niacina; Tiamina; K)

Calorías 186

9. Vegetales asados con queso de cabra

Ingredientes:

½ taza de remolacha, pelada y cortada en dados

½ taza de frijoles verdes, cocidos y escurridos

½ taza de coles de Bruselas, picadas

½ taza de calabaza, pelada y cortada

½ taza de zanahoria, picada

1 taza de tomates frescos, en trozos grandes

½ taza de tomates asados

1 cebolla pequeña, en rodajas

½ taza de lentejas cocidas

2 dientes de ajo, picados finamente

1 taza de acelgas finamente picadas

sal y pimienta al gusto

3 cucharadas de aceite de oliva

1 taza de queso de cabra desmenuzado

Preparación:

Precaliente el horno a 350 grados. En un bol grande, mezcle la remolacha, los frijoles verdes, los coles de Bruselas y la calabaza. Agregue 1 cucharada de aceite de oliva y un poco de sal al gusto. Coloque en una bandeja para el horno y hornee durante aproximadamente 20 minutos.

Mientras, caliente el aceite restante en un sartén mediano. Agregue las cebollas y la zanahoria y fría durante aproximadamente 5 minutos, revolviendo constantemente.

Agregue los tomates en dados y la acelga. Condimente con pimienta y cocine a fuego lento durante aproximadamente 20 minutos. Revuelva y luego agregue la acelga, sal y pimienta.

Sirva las lentejas con los vegetales asados, los tomates asados y el queso de cabra.

Valor nutricional por 100g:

Carbohidratos 32.7g

Azúcar 14g

Proteínas 34 g

Grasas totales 12.7g

Sodio 645 mg

Potasio 141.2mg

Calcio 23mg

Hierro 7mg

Vitaminas (Vitamina A; B-6; B-12; C; D; D2; D3; K; Riboflavina; Niacina; Tiamina; K)

Calorías 204

10. Tofu thai con jengibre

1 taza de tofu, cortado en cubos

3 cucharadas de salsa de jengibre

1 cucharada de aceite de oliva

2 cucharadas de jengibre fresco, molido

2 dientes de ajo

2 cucharadas de pimientos chile frescos picados finamente

½ taza de champiñones frescos

1 taza de pimiento amarillo fresco, picado

1 taza de frijoles verdes, cocidos

2 cucharadas de salsa teriyaki

¼ taza de agua

¼ taza de albahaca fresca, picada

1 cebolla pequeña, pelada y en rodajas

2 tazas de arroz integral, hervido

Preparación:

Mezcle los ingredientes en un sartén antiadherente o en un wok. Caliente la estufa a temperatura media y saltee los ingredientes durante aproximadamente 20 minutos, revolviendo constantemente.

Sirva con el arroz integral.

Valor nutricional por 100g:

Carbohidratos 29g

Azúcar 12.1g

Proteínas 30.1 g

Grasas totales 11.9g

Sodio 522.1 mg

Potasio 104.9mg

Calcio 32mg

Hierro 8.6mg

Vitaminas (Vitamina A; B-6; B-12; C; D; D2; D3; K; Riboflavina; Niacina; Tiamina; K)

Calorías 157

11. Pepperonata con frijoles blancos

Ingredientes:

2 cucharadas de aceite de oliva

1 cebolla pequeña, en rodajas

2 dientes de ajo, picado

1 pimiento rojo, picado

2 tomates pequeños, en rodajas

1 taza de frijoles verdes

1 cucharada de vinagre de manzana

2 cucharadas de aceite de oliva

algunas hojas de albahaca para decoración

sal y pimienta al gusto

Preparación:

Caliente el aceite de oliva en un sartén grande a fuego medio. Agregue la cebolla en rodajas y saltee durante algunos minutos, hasta que doren. Agregue el ajo y el pimiento, condimente con sal y pimienta. Saltee durante 15 minutos, revolviendo constantemente.

Reduzca el fuego y agregue los tomates y los frijoles verdes. Tape y cocine durante unos minutos, Retire del fuego y sirva.

Valor nutricional por 100g:

Carbohidratos 28.2g

Azúcar 14.5g

Proteínas 33.5 g

Grasas totales 12g

Sodio 626.5 mg

Potasio 121.2mg

Calcio 34mg

Hierro 10mg

Vitaminas (Vitamina A; B-6; B-12; C; D; D2; D3; K; Riboflavina; Niacina; Tiamina; K)

Calorías 197

12. Ensalada de calabaza y garbanzos

Ingredientes:

2 tazas de calabaza picada

2 cucharaditas de comino fresco

2 cucharaditas de cilantro molido

4 cucharadas de aceite vegetal

1 taza de garbanzos, escurridos

8 higos deshidratados, rebanados

1 cebolla roja, en rodajas

¼ taza cilantro picado

4 cucharadas de jugo de limón fresco

¼ taza de aceite de oliva

Preparación:

Precaliente el horno a 300 grados.

En un bol grande, combine la calabaza con el comino, cilantro y los vegetales. Mezcle bien. Distribuya la mezcla de calabaza en una bandeja para hornear y hornee durante aproximadamente 20 minutos. Retire del horno y deje enfriar.

Coloque la calabaza, los garbanzos, higos, cebolla, cilantro, cáscara de limón y el aceite de oliva en un bol y mueva cuidadosamente para cubrir. Servir.

Valor nutricional por 100g:

Carbohidratos 26g

Azúcar 12.5g

Proteínas 32.5 g

Grasas totales 7g

Sodio 612 mg

Potasio 84.1mg

Calcio 31mg

Hierro 9mg

Vitaminas (Vitamina A; B-6; B-12; C; D; D2; D3; K; Riboflavina; Niacina; Tiamina; K)

Calorías 179

13. Frittata de feta

Ingredientes:

2 tazas de berza picada

3 cucharadas de aceite de oliva

1 salchicha italiana mediana, rebanada

1 cebolla pequeña, pelada y en rodajas

6 huevos, ligeramente batidos

½ taza de queso feta

¼ cucharadita de sal

Preparación:

Hierva la berza durante aproximadamente 5 minutos. Deje escurrir y exprima todo el líquido posible. Corte en trozos grandes.

Caliente el aceite de oliva en un sartén grande. Fría la salchicha rebanada durante aproximadamente 3 minutos, volteando frecuentemente. Agregue las cebollas y fría durante otros 2-3 minutos. Agregue la berza y revuelva bien. Condimente con sal. Vierta encima los huevos batidos, mezcle con ayuda de un tenedor y retire del fuego después de aproximadamente un minuto.

Desmenuce el queso feta por encima y sirva tibio.

Valor nutricional por 100g:

Carbohidratos 16g

Azúcar 3.5g

Proteínas 20.5 g

Grasas totales 5.7g

Sodio 518.1 mg

Potasio 83.1mg

Calcio 31.4mg

Hierro 7mg

Vitaminas (Vitamina A; B-6; B-12; C; D; D2; D3; K; Riboflavina; Niacina; Tiamina; K)

Calorías 160

14. Quiche sin corteza

Ingredientes:

1 cebolla pequeña, picada

4 rebanadas grandes de tocineta

4 huevos

1 cucharada de perejil deshidratado, picado

¼ taza de harina de arroz

1 cucharada de mantequilla de almendras

2 tazas de leche descremada

½ cucharadita de sal

¼ cucharadita de pimienta

Preparación:

En un bol grande, bata los huevos y la leche. Agregue la harina de arroz y la mantequilla. Mezcle bien con una batidora eléctrica. Agregue los otros ingredientes y vierta la mezcla en una bandeja para hornear.

Precaliente el horno a 300 grados y hornee durante aproximadamente 30 minutos.

Valor nutricional por 100g:

Carbohidratos 19.2g

Azúcar 7.5g

Proteínas 29.5 g

Grasas totales 11g

Sodio 531 mg

Potasio 63mg

Calcio 31.2mg

Hierro 9.1mg

Vitaminas (Vitamina A; B-6; B-12; C; D; D2; D3; K; Riboflavina; Niacina; Tiamina; K)

Calorías 177

15. Cordero a la plancha y vegetales

Ingredientes:

3 filetes de cordero medianos

2 cucharadas de aceite de oliva

½ cucharadita de comino molido

1 diente de ajo, molido

½ cucharadita de sal marina

¼ cucharadita de pimienta negra

1 pimiento amarillo mediano, picado

1 berenjena mediana, pelada y rebanada

1 pepino, pelado y rebanado

2 cucharadas de perejil fresco, picado

Preparación:

Caliente el aceite de oliva en un sartén grande a alta temperatura. Corte la berenjena en rebanadas longitudinales y fríalas durante unos minutos. Reduzca el fuego y agregue los otros vegetales. Condimente con sal, pimienta y comino. Cubra la sartén y cocine durante aproximadamente 15 minutos, revolviendo ocasionalmente.

Precaliente el horno a 350 grados. En una bandeja para hornear mediana, distribuya los vegetales para formar una capa uniforme. Coloque los filetes de cordero encima y hornee durante 30 minutos.

Valor nutricional por 100g:

Carbohidratos 16g

Azúcar 7.5g

Proteínas 26.5 g

Grasas totales 10g

Sodio 531.2 mg

Potasio 63.1mg

Calcio 31mg

Hierro 6mg

Vitaminas (Vitamina A; B-6; B-12; C; D; D2; D3; K; Riboflavina; Niacina; Tiamina; K)

Calorías 201

16. Costillas de cerdo BBQ

Ingredientes:

1 libra de costillas de cerdo

3 cucharadas de aceite de oliva

½ taza de salsa de tomate fresco

¼ taza de salsa barbecue sin azúcar

2 dientes de ajo, molidos

¼ taza de azúcar morena

1 cucharadita de salsa Tabasco

Preparación:

Primero prepare la marinada. En un bol grande, mezcle la salsa de tomate fresca, la salsa barbecue, salsa Tabasco, el azúcar morena y el ajo. Coloque las costillas de cerdo en la marinada, cubra bien y refrigere durante aproximadamente una hora.

Vierta el aceite de oliva en la sartén. Fría las costillas durante aproximadamente 10 minutos de cada lado.

Valor nutricional por 100g:

Carbohidratos 22 g

Azúcar 6.5g

Proteínas 26.5 g

Grasas totales 11g

Sodio 468 mg

Potasio 82.1mg

Calcio 20mg

Hierro 6.5mg

Vitaminas (Vitamina A; B-6; B-12; C; D; D2; D3; K; Riboflavina; Niacina; Tiamina; K)

Calorías 181

17. Ensalada de Salchicha

Ingredientes:

8 salchichas de carne gruesas (libres de gluten)

1 papa mediana, hervida

1 cebolla roja, pelada y en rodajas

3 cucharadas de aceite de oliva extra virgen

sal y pimienta al gusto

1 cucharadita de vinagre

Preparación:

Caliente el aceite de oliva en un sartén grande a alta temperatura. Fría las salchichas durante aproximadamente 4 minutos. Retire de la sartén y deje enfriar durante aproximadamente 30 minutos. Corte en rebanadas y mezcle con las papas y la cebolla roja. Condimente con sal, pimienta y el vinagre. Refrigere durante aproximadamente 30 minutos antes de servir.

Valor nutricional por 100g:

Carbohidratos 15 g

Azúcar 2.5g

Proteínas 27.5 g

Grasas totales 11g

Sodio 531.1 mg

Potasio 82.1mg

Calcio 11mg

Hierro 5mg

Vitaminas (Vitamina A; B-6; B-12; C; D; D2; D3; K; Riboflavina; Niacina; Tiamina; K)

Calorías 136

18. Salmón a la parrilla con espárragos

Ingredientes:

4 filetes de salmón gruesos

¼ taza de mayonesa libre de grasas

1 taza de espárragos, picados

1 cucharada de albahaca, picada

1 cucharada de cilantro, picado

2 cucharadas de aceite de oliva

Preparación:

Mezcle la mayonesa con la albahaca y el cilantro. Mezcle bien y reserve.

Caliente el aceite de oliva en un sartén mediano a una temperatura media-alta. Fría los filetes de salmón durante aproximadamente 3 minutos de cada lado. Retire del sartén. Agregue los espárragos picados a la misma sartén. Reduzca el fuego a temperatura media y fría durante aproximadamente 5 minutos, revolviendo ocasionalmente.

Valor nutricional por 100g:

Carbohidratos 19.1g

Azúcar 5.5g

Proteínas 23.5 g

Grasas totales 5g

Sodio 538.7 mg

Potasio 85.2mg

Calcio 32mg

Hierro 9.9mg

Vitaminas (Vitamina A; B-6; B-12; C; D; D2; D3; K; Riboflavina; Niacina; Tiamina; K)

Calorías 147

19. Pollo con almendras

Ingredientes:

5 muslos de pollo, deshuesados y sin piel

3 cebollas rojas medianas, en rodajas

3 batatas medianas, cortadas en rebanadas gruesas

2 pimientos rojos, rebanados

2 dientes de ajo, picados

3 cucharadas de aceite de oliva

2 cucharadas de jugo de limón fresco

4 cucharadas de almendras, picadas

1 taza de yogur Griego

1 cucharada de perejil fresco, picado

Preparación:

Precaliente el horno a 300 grados. En un bol grande, mezcle los muslos de pollo con las rebanadas de batata y los pimientos. Transfiera a una bandeja para hornear. En otro bol, mezcle el ajo, el aceite de oliva, el jugo de limón fresco y las almendras. Vierta esta mezcla sobre la carne y hornee durante aproximadamente 40 minutos. Retire del horno y deje enfriar muy bien. Sirva en boles pequeños cubiertos con el yogur Griego y el perejil.

Valor nutricional por 100g:

Carbohidratos 26g

Azúcar 9.5g

Proteínas 31.5 g

Grasas totales 11g

Sodio 598.1 mg

Potasio 93.2mg

Calcio 21mg

Hierro 7.8mg

Vitaminas (Vitamina A; B-6; B-12; C; D; D2; D3; K; Riboflavina; Niacina; Tiamina; K)

Calorías 197

20. Tortilla de Ricota

Ingredientes:

4 huevos

2 cucharadas de perejil deshidratado

1 diente de ajo pequeño

2 cucharadas de queso parmesano

2 cucharadas de aceite de oliva

½ taza de ricota

1 cucharadita de albahaca fresca, picada

Preparación:

Bata los huevos y mezcle bien con el perejil, el ajo, el parmesano, la ricota y la albahaca. Caliente el aceite de oliva a temperatura alta. Fría los huevos durante aproximadamente 3-4 minutos, revolviendo constantemente. Sirva inmediatamente.

Valor nutricional por 100g:

Carbohidratos 21g

Azúcar 7.2g

Proteínas 25.1 g

Grasas totales 7g

Sodio 668.2 mg

Potasio 73.7mg

Calcio 22mg

Hierro 8mg

Vitaminas (Vitamina A; B-6; B-12; C; D; D2; D3; K; Riboflavina; Niacina; Tiamina; K)

Calorías 173

21. Kebab de pollo

Ingredientes:

2 papas pequeñas, peladas y cortada en rodajas delgadas

2 pechugas de pollo, deshuesadas y sin piel, cortada en cubos

1 cebolla roja mediana, en rodajas

1 pimiento rojo, rebanado

3 cucharadas de cada uno perejil, menta y cebollín

2 tomates pequeños, en rodajas

6 cucharadas de aceite de oliva

Para la marinada:

2 cucharadas de jugo de limón

2 chiles verdes, sin semillas y finamente picados

2 dientes de ajo pequeños, finamente picados

4 cucharadas de aceite de oliva

2 cucharadas de vinagre de vino blanco

Preparación:

Hierva las papas durante aproximadamente 20 minutos, hasta que estén suaves. Escurra y deje enfriar. En un bol grande, mezcle el jugo de limón, los chiles verdes, los dientes de ajo picados, el aceite de oliva y el vinagre. Sumerja la carne y los vegetales en esta marinada y refrigere durante al menos una hora.

Arregle la carne y los vegetales en palitos de madera. Utilice una brocha de cocina para distribuir el aceite de oliva restante sobre los kebabs de pollo. Cocine a la parrilla a temperatura media durante aproximadamente 5-6 minutos de cada lado.

Valor nutricional por 100g:

Carbohidratos 29.1g

Azúcar 16.1g

Proteínas 33 g

Grasas totales 12g

Sodio 521.4 mg

Potasio 84.1mg

Calcio 21mg

Hierro 8mg

Vitaminas (Vitamina A; B-6; B-12; C; D; D2; D3; K; Riboflavina; Niacina; Tiamina; K)

Calorías 243

22. Huevos con especias

Ingredientes:

4 huevos, batidos

1 cebolla pequeña, picada

1 chile pequeño, picado

1 cucharada de mantequilla

¼ taza de leche descremada

1 tomate pequeño, picado

1 cucharadita de hojas de cilantro deshidratado

Preparación:

Derrita la mantequilla a temperatura media. Agregue la cebolla y el chile y fría durante aproximadamente 5 minutos, hasta que estén suaves. Ahora, agregue el tomate, revuelva bien y cocine hasta que el agua se evapore. Mientras, mezcle los huevos con la leche y las hojas de cilantro deshidratado. Vierta esta mezcla en la sartén y cocine durante otros 2-3 minutos.

Valor nutricional por 100g:

Carbohidratos 18g

Azúcar 7.5g

Proteínas 20 g

Grasas totales 6g

Sodio 462.1 mg

Potasio 53.2mg

Calcio 30mg

Hierro 9.6mg

Vitaminas (Vitamina A; B-6; B-12; C; D; D2; D3; K; Riboflavina; Niacina; Tiamina; K)

Calorías 127

23. Salmón con chile

Ingredientes:

4 filetes de salmón gruesos, cortados en cubos medianos

4 cucharadas de salsa de chile

2 cucharadas de jugo de lima fresco

3 cucharadas de aceite vegetal

Preparación:

Mezcle la salsa de chille dulce y el jugo de lima en un bol. Sumerja los filetes de salmón en esta mezcla y deje reposar durante aproximadamente 30 minutos. Caliente el aceite a temperatura alta. Cocine los filetes durante aproximadamente 8 minutos. Retire del sartén y utilice papel para cocina para absorber el exceso de aceite. Sirva tibio.

Valor nutricional por 100g:

Carbohidratos 16.1g

Azúcar 8.5g

Proteínas 24.1 g

Grasas totales 5.3g

Sodio 511.1 mg

Potasio 82.1mg

Calcio 23mg

Hierro 4mg

Vitaminas (Vitamina A; B-6; B-12; C; D; D2; D3; K; Riboflavina; Niacina; Tiamina; K)

Calorías 151

24. Tocineta con champiñones

Ingredientes:

1 libra de tocineta, rebanada

1 taza de champiñones frescos

4 huevos, batidos

1 taza de tomates cherry, cortados a la mitad

½ taza de queso cottage

1 cucharada de perejil deshidratado

3 cucharadas de aceite para freír

Preparación:

Fría la tocineta a temperatura media-alta durante aproximadamente 5 minutos de cada lado. Reduzca el fuego y agregue los tomates, champiñones y huevos. Condimente con perejil y cubra. Fría durante aproximadamente 6-7 minutos más. Retire del fuego y sirva tibio.

Valor nutricional por 100g:

Carbohidratos 10.g

Azúcar 2.5g

Proteínas 23.5 g

Grasas totales 11g

Sodio 534.2 mg

Potasio 81.2mg

Calcio 32mg

Hierro 7mg

Vitaminas (Vitamina A; B-6; B-12; C; D; D2; D3; K; Riboflavina; Niacina; Tiamina; K)

Calorías 170

25. Mezcla de salmón y frijoles verdes

Preparación:

3 filetes de salmón grandes, sin piel

1 taza de frijoles verdes

½ taza de lentejas

1 huevo

1 cucharada de jugo de limón fresco

2 cucharadas de aceite de oliva

½ taza de cebollas verdes, picadas

Preparación:

Hierva el huevo durante 10 minutos. Retire de la olla, deje enfriar y retire la cáscara. Corte el huevo en pequeños cubos. Reserve.

Lave y escurra los frijoles verdes y las lentejas. Mezcle con el huevo.

Caliente el aceite de oliva a temperatura media. Fría los filetes de salmón durante aproximadamente 5 minutos de cada lado. Retire de la sartén y utilice papel para cocina para absorber el exceso de aceite. Deje reposar por un rato y corte en pequeños cubos.

En un bol grande, mezcle los cubos de salmón con las cebollas y la mezcla de huevo. Refrigere durante aproximadamente 30 minutos antes de servir.

Valor nutricional por 100g:

Carbohidratos 18.3g

Azúcar 5.5g

Proteínas 20.5 g

Grasas totales 3.4g

Sodio 390.2 mg

Potasio 53mg

Calcio 22mg

Hierro 7mg

Vitaminas (Vitamina A; B-6; B-12; C; D; D2; D3; K; Riboflavina; Niacina; Tiamina; K)

Calorías 114

26. Cuscús

Ingredientes:

1 taza de cuscús instantáneo

2 zanahorias grandes

½ cucharadita de romero deshidratado

1 taza de frijoles verdes, cocidos y escurridos

10 aceitunas verdes, sin semilla

1 cucharada de jugo de limón

1 cucharada de jugo de naranja

1 cucharada de cáscara de naranja

4 cucharadas de aceite de oliva

½ cucharadita de sal

Preparación:

Lave y pele las zanahorias. Córtela en rebanadas delgadas. Caliente 2 cucharadas de aceite de oliva en un sartén grande a fuego medio. Agregue las zanahorias y cocine, revolviendo constantemente. Deben estar tiernas después de aproximadamente 10-15 minutos. Agregue el romero, los frijoles verdes, las aceitunas y el jugo de naranja. Mezcle bien. Continúe cocinando y revuelva ocasionalmente.

Mezcle el jugo de limón con 1 taza de agua. Agregue esta mezcla a un sartén y mezcle con 2 cucharadas de aceite de oliva, la cáscara de naranja y sal. Deje hervir y agregue el cuscús. Retire del fuego un deje reposar durante aproximadamente 15 minutos.

Vierta ambas mezclas en un bol grande y mezcle bien con una cuchara.

Valor nutricional por 100g:

Carbohidratos 29g

Azúcar 14.2g

Proteínas 31 g

Grasas totales 13g

Sodio 602 mg

Potasio 97mg

Calcio 33mg

Hierro 11mg

Vitaminas (Vitamina A; B-6; B-12; C; D; D2; D3; K; Riboflavina; Niacina; Tiamina; K)

Calorías 202

27. Pollo con aguacate

Ingredientes:

1 pechuga de pollo grande, deshuesada y sin piel, cocida

1 taza de frijoles verdes

½ aguacate maduro, pelado y picado

¼ de pepino, pelado y picado

1 cucharadita de salsa Tabasco

2 cucharadas de jugo de limón fresco

2 cucharadas de aceite de oliva extra-virgen

Algunas hojas de lechuga

1 cucharada de semillas mixtas

Preparación:

Corte el pollo en cubos medianos. Fría durante aproximadamente 5 minutos en un sartén precalentado, revolviendo constantemente. Retire del sartén y reserve.

Mientras, mezcle los frijoles verdes, el aguacate, el pepino, salsa Tabasco, la lechuga y el jugo de limón en una licuadora. Licúe bien durante aproximadamente 30-

40 segundos. Vierta esta mezcla encima del pollo y refrigere por al menos 30 minutos antes de servir.

Valor nutricional por 100g:

Carbohidratos 24g

Azúcar 11.5g

Proteínas 29.5 g

Grasas totales 10g

Sodio 462.1 mg

Potasio 63.1mg

Calcio 11mg

Hierro 5.6mg

Vitaminas (Vitamina A; B-6; B-12; C; D; D2; D3; K; Riboflavina; Niacina; Tiamina; K)

Calorías 165

28. Aguacate asado en salsa de curry

Ingredientes:

1 aguacate grande, picado

¼ taza de agua

1 cucharada de curry molido

2 cucharadas de aceite de oliva

1 cucharadita de salsa de soya

1 cucharadita de perejil picado

¼ cucharadita de pimienta roja

¼ cucharadita de sal marina

Preparación:

Caliente el aceite de oliva en un sartén grande, a temperatura media. En un bol pequeño, mezcle el curry molido, la salsa de soya, el perejil picado, la pimienta roja y la sal marina. Agregue agua y cocine durante aproximadamente 5 minutos, a temperatura media. Agregue el aguacate picado, revuelva bien y cocine por algunos minutos más, hasta que el líquido se evapore.

Apague el fuego y cubra. Deje reposar durante aproximadamente 15-20 minutos antes de servir.

Valor nutricional por 100g:

Carbohidratos 9.8g

Azúcar 2.5g

Proteínas 24 g

Grasas totales 3g

Sodio 112 mg

Potasio 24mg

Calcio 12mg

Hierro 2.3mg

Vitaminas (Vitamina A; B-6; B-12; C; D; D2; D3; K; Riboflavina; Niacina; Tiamina; K)

Calorías 143

29. Vegetales fritos con Tofu

Ingredientes:

Ingredientes:

½ taza de tofu suave

1 cebolla pequeña

1 zanahoria pequeña

1 tomate pequeño

2 pimientos rojos medianos

sal al gusto

1 cucharada de aceite de oliva

Preparación:

Lave y seque los vegetales dando toques suaves con papel para cocina. Corte en láminas o tiras delgadas. Caliente el aceite de oliva a temperatura media y fría los vegetales durante aproximadamente 10 minutos, revolviendo constantemente. Agregue sal y mezcle bien. Espere hasta que los vegetales estén suaves, luego agregue el tofu. Revuelva bien. Fría por otros 2-3 minutos. Retire del fuego y sirva.

Valor nutricional por 100g:

Carbohidratos 27g

Azúcar 6.5g

Proteínas 29.5 g

Grasas totales 11g

Sodio 611 mg

Potasio 72mg

Calcio 27mg

Hierro 6.7mg

Vitaminas (Vitamina A; B-6; B-12; C; D; D2; D3; K; Riboflavina; Niacina; Tiamina; K)

Calorías 198

30. Puerros con seitán en cubos

Ingredientes:

2 tazas de puerros picados

1 taza de seitán, cortado en cubos

aceite de oliva

hojas de tomillo para decoración

sal y pimienta roja al gusto

Preparación:

Corte los puerros en pequeños trozos y lávelos con agua frío, un día antes de servirlo. Déjelo durante la noche en una bolsa de plástico.

Caliente el aceite en un sartén grande, a temperatura media. Agregue el seitán en cubos y fría durante aproximadamente 15 minutos. Agregue los puerros, mezcle bien y fría por otros 10 minutos a baja temperatura. Retire del sartén y deje enfriar. Decore con las hojas de tomillo. Agregue sal y pimienta al gusto.

Valor nutricional por 100g:

Carbohidratos 11g

Azúcar 6.5g

Proteínas 17.1 g

Grasas totales 6g

Sodio 232.1 mg

Potasio 53.1mg

Calcio 32mg

Hierro 4mg

Vitaminas (Vitamina A; B-6; B-12; C; D; D2; D3; K; Riboflavina; Niacina; Tiamina; K)

Calorías 124

31. Cazuela de Berenjena

Ingredientes:

2 berenjenas grandes

1 taza de tempeh, rebanado

1 cebolla mediana

2 cucharadas de aceite

¼ cucharadita de pimienta

2 tomates pequeños

1 cucharada de perejil deshidratado

½ taza de tofu suave, en puré

3 cucharadas de pan rallado

1 taza de leche libre de grasas

½ taza de crema de leche libre de grasas

Preparación:

Engrase la bandeja para hornear con el aceite. Precaliente el horno a 350 grados. Pele las berenjenas y córtelas longitudinalmente en rebanadas delgadas. Forme una capa con las rebanadas de berenjena en una bandeja para hornear. Pele y corte la cebolla y los tomates en rodajas delgadas. Forme otra capa en la bandeja para hornear. Distribuya las rebanadas de tempeh encima.

Mezcle el pan rallado con la leche libre de grasas, el puré de tofu, la crema de soya, el perejil y pimienta en un bol grande. Bata bien hasta que la mezcla esté uniforme. Vierta esta mezcla encima de su cazuela y hornee durante aproximadamente 20 minutos.

Corte en 6 trozos iguales y sirva.

Valor nutricional por 100g:

Carbohidratos 17.1g

Azúcar 3.5g

Proteínas 20.5 g

Grasas totales 5g

Sodio 568mg

Potasio 81.2mg

Calcio 30mg

Hierro 5.1mg

Vitaminas (Vitamina A; B-6; B-12; C; D; D2; D3; K; Riboflavina; Niacina; Tiamina; K)

Calorías 177

32. Salmón con salsa de pepino

Ingredientes:

4 filetes de salmón, rebanados

1 taza de cebada integral, cocida

1 pepino grande, pelado y picado

2 cucharaditas de aceite de oliva

½ cucharadita de comino molido

1 cucharadita de azúcar morena

½ cucharadita de pimienta negra

½ cucharadita de sal marina

1 taza de yogur Griego

1 cebollín, finamente picado

1 cucharadita de jugo de limón fresco

Preparación:

Mezcle el aceite de oliva, comino, el azúcar morena, la pimienta y la sal en un bol. Coloque el salmón en una bandeja para hornear y cubra con esta mezcla. Refrigere durante aproximadamente 20 minutos.

Precaliente el horno a 350 grados. En un bol pequeño, mezcle el yogur Griego con el pepino, cebollín, perejil y jugo de limón. Hornee el salmón durante aproximadamente 7-10 minutos y sirva encima de la cebada, cubierto con la salsa de yogur Griego.

Valor nutricional por 100g:

Carbohidratos 27g

Azúcar 11g

Proteínas 26.7 g

Grasas totales 8g

Sodio 598 mg

Potasio 92.1mg

Calcio 41mg

Hierro 11mg

Vitaminas (Vitamina A; B-6; B-12; C; D; D2; D3; K; Riboflavina; Niacina; Tiamina; K)

Calorías 182

33. Burritos de Seitan

Ingredientes:

1 taza de frijoles verdes cocidos

1 libra de seitan, picado

1 taza de tofu suave

½ taza de cebollas picadas

1 cucharadita de pimienta roja molida

1 cucharadita de chile en polvo de

6 tortillas integrales

Preparación:

Mezcle el seitan con la pimienta roja molida, el chile en polvo y las cebollas en un sartén para freír. Revuelva bien durante 15 minutos a baja temperatura. Retire del fuego.

Mezcle el tofu con los frijoles verdes en una licuadora. Mezcle bien durante aproximadamente 30 segundos. Agregue la mezcla de tofu mixture al seitan. Divida esta mezcla en 6 partes iguales y distribuya encima de las tortillas. Envuelva y sirva.

Valor nutricional por 100g:

Carbohidratos 19g

Azúcar 7.5g

Proteínas 17 g

Grasas totales 4.3g

Sodio 188mg

Potasio 72 mg

Calcio 27mg

Hierro 5.9mg

Vitaminas (Vitamina A; B-6; B-12; C; D; D2; D3; K; Riboflavina; Niacina; Tiamina; K)

Calorías 123

34. Tajín con garbanzos

Ingredientes:

4 tomates pequeños, picados

1 cebolla mediana, en rodajas

1 calabacín mediano, picado

1 taza de albaricoques deshidratados

2 cucharadas de aceite de oliva

½ cucharadita de sal marina

2 zanahorias pequeñas, rebanadas longitudinalmente

2 dientes de ajo, molidos

2 cucharadas de jengibre, picado finamente

2 cucharaditas de miel

1 cucharadita de comino, molido

1 cucharadita de canela, molida

¼ cucharadita de cúrcuma

½ taza de agua

2 tazas de garbanzos, escurridos

2 cucharadas de jugo de limón fresco

1 taza de cuscús integrales, cocidos

3 cucharadas de almendras, picadas finamente

Preparación:

Caliente el aceite de oliva a temperatura media en un sartén grande. Agregue las cebollas y la sal. Fría durante aproximadamente 5 minutos, revolviendo ocasionalmente. Ahora, agregue las zanahorias y fría por otros 5 minutos.

Ahora, agregue las especias y suba el fuego. Revuelva bien y agregue los tomates, el calabacín y los albaricoques. Vierta el agua y deje hervir. Tape y reduzca el fuego. Cocine a fuego lento durante aproximadamente 20 minutos.

Ahora agregue los garbanzos y el jugo de limón. Cocine destapado hasta que los garbanzos estén listos y el agua se evapore. Derrita la miel y retire del fuego. Sirva con cuscús y espolvoree con las almendras.

Valor nutricional por 100g:

Carbohidratos 22.7g

Azúcar 7.1g

Proteínas 19g

Grasas totales 7.4g

Sodio 570 mg

Potasio 71.2mg

Calcio 35.3mg

Hierro 8mg

Vitaminas (Vitamina A; B-6; B-12; C; D; D2; D3; K; Riboflavina; Niacina; Tiamina; K)

Calorías 167

35. Pan de semillas de chía

Ingredientes:

3 tazas de harina de trigo sarraceno

½ taza de puré de calabaza

1 taza de semillas de chía picadas finamente

agua tibia

sal

½ paquete de levadura deshidratada

Preparación:

Mezcle la harina, el puré de calabaza y las semillas de chía con la sal y levadura. Agregue agua tibia y revuelva hasta obtener una masa uniforme. Deje reposar en un lugar cálido durante aproximadamente 30-40 minutos. Rocíe con agua fría y hornee a 350 grados, durante aproximadamente 40 minutos, hasta que dore. Retire del horno, cubra con una servilleta de cocina y deje enfriar.

Valor nutricional por 100g:

Carbohidratos 17.2g

Azúcar 3.5g

Proteínas 21.5 g

Grasas totales 5g

Sodio 528.1 mg

Potasio 84.1mg

Calcio 30mg

Hierro 9mg

Vitaminas (Vitamina A; B-6; B-12; C; D; D2; D3; K; Riboflavina; Niacina; Tiamina; K)

Calorías 171

36. Pimientos verdes asados

Ingredientes:

2 pimientos verdes

3 cucharadas de aceite de oliva

2 dientes de ajo

perejil picado

1 cucharada de salsa de soya

¼ cucharadita de sal marina

¼ cucharadita de pimienta

Preparación:

Primero prepare la salsa. En un bol pequeño, mezcle las 3 cucharadas de aceite de oliva con el ajo, el perejil picado, la salsa de soya, sal y pimienta. Mezcle bien. Distribuya la salsa encima de los pimientos y cocine en un sartén a temperatura media, durante aproximadamente 10-15 minutos. Revuelva constantemente.

Sirva tibio.

Valor nutricional por 100g:

Carbohidratos 22.3g

Azúcar 6.2g

Proteínas 23 g

Grasas totales 7g

Sodio 382.6 mg

Potasio 52mg

Calcio 21mg

Hierro 5mg

Vitaminas (Vitamina A; B-6; B-12; C; D; D2; D3; K; Riboflavina; Niacina; Tiamina; K)

Calorías 175

37. Rebanadas de calabacín con ajo

Ingredientes:

1 calabacín grande

4 dientes de ajo

1 cucharada de aceite de oliva

¼ cucharadita de sal

Preparación:

Pele y corte el calabacín en rebanadas gruesas. Corte el ajo and fríalo por algunos minutos en aceite de oliva, hasta que estén dorados. Agregue el calabacín y cocine por otros 10 minutos a temperatura media. Espolvoree con un poco de perejil picado antes de servir. Sal al gusto.

Valor nutricional por 100g:

Carbohidratos 21.7g

Azúcar 9.5g

Proteínas 28 g

Grasas totales 5g

Sodio 571.3 mg

Potasio 92.3mg

Calcio 40mg

Hierro 9.8mg

Vitaminas (Vitamina A; B-6; B-12; C; D; D2; D3; K; Riboflavina; Niacina; Tiamina; K)

Calorías 181

38. Champiñones horneados en salsa de tomate

Ingredientes:

1 taza de champiñones

1 tomate grande

3 cucharadas de aceite de oliva

2 dientes de ajo

1 cucharada de albahaca fresca

sal y pimienta al gusto

Preparación:

Lave y pele el tomate. Corte en trozos pequeños. Corte el ajo y mézclelo con el tomate y la albahaca fresca. Caliente el aceite de oliva en un sartén y coloque el tomate en ella. Agregue ¼ taza de agua, mezcle bien y cocine durante aproximadamente 15 minutos, a baja temperatura, hasta que el agua se evapore. Revuelva constantemente. Luego de aproximadamente 15 minutos, una vez que el agua se haya evaporado, retire del fuego.

Lave y escurra los champiñones. Colóquelos en una bandeja de hornear pequeña y distribuya la salsa de tomate encima. Salpimiente al gusto.

Precaliente el horno a 300 grados y hornee durante aproximadamente 10-15 minutos.

Valor nutricional por 100g:

Carbohidratos 10g

Azúcar 2.4g

Proteínas 17.5 g

Grasas totales 4.8g

Sodio 161.4 mg

Potasio 31.5mg

Calcio 11mg

Hierro 5.9mg

Vitaminas (Vitamina A; B-6; B-12; C; D; D2; D3; K; Riboflavina; Niacina; Tiamina; K)

Calorías 112

39. Frittata saludable de tocineta y vegetales

Ingredientes:

3 rebanadas grandes de tocineta

1 taza de puerros, troceados

2 tomates grandes, picados

1 taza de espinaca, picada

6 huevos

2 claras de huevo

1 aguacate pequeño, rebanado

¼ taza de perejil fresco, picado

aceite bajo en grasas en espray

½ cucharadita de sal

¼ cucharadita de pimienta

Preparación:

Rocíe un poco de aceite en un sartén mediano. Caliéntelo a temperatura media y agregue las rebanadas de tocineta y el puerro. Fría por algunos minutos, hasta que el puerro se haya suavizado. Ahora, agregue los tomates y la espinaca picada y cocine durante otros 4-5 minutos, hasta que todo el líquido se haya evaporado y los vegetales estén suaves.

Mientras, bata los huevos y mézclelos con las claras. Agregue sal y vierta esta mezcla en la sartén. Mezcle bien con los vegetales y fría durante aproximadamente 3 minutos, revolviendo constantemente.

Retire de la sartén y sirva con las rebanadas de aguacate. Espolvoree con el perejil fresco por encima.

Valor nutricional por 100g:

Carbohidratos 20.1g

Azúcar 8.5g

Proteínas 21.3 g

Grasas totales 7g

Sodio 268mg

Potasio 73.3mg

Calcio 22mg

Hierro 5mg

Vitaminas (Vitamina A; B-6; B-12; C; D; D2; D3; K; Riboflavina; Niacina; Tiamina; K)

Calorías 160

40. Tofu de aguacate

Ingredientes:

3 aguacates maduros medianos, cortados a la mitad

1 taza de tofu suave

3 cucharadas de aceite de oliva

2 cucharaditas de romero deshidratado

sal y pimienta al gusto

Preparación:

Precaliente el horno a 350 grados. Corte los aguacates a la mitad y retire la pulpa del centro. Coloque 1 cucharada de tofu en cada mitad de aguacate y espolvoree con romero, sal y pimienta. Engrase la bandeja para hornear con aceite de oliva y coloque los aguacates. Utilice una bandeja pequeña, de modo que los aguacates estén ajustados. Lleve al horno durante aproximadamente 15-20 minutos.

Valor nutricional por 100g:

Carbohidratos 22.3g

Azúcar 6.1g

Proteínas 23.1 g

Grasas totales 6g

Sodio 428.1 mg

Potasio 73.2mg

Calcio 33mg

Hierro 5mg

Vitaminas (Vitamina A; B-6; B-12; C; D; D2; D3; K; Riboflavina; Niacina; Tiamina; K)

Calorías 167.5

41. Omelet de seitan y espinaca

Ingredientes:

½ taza de tofu suave, en puré

½ taza de frijoles cannellini, en puré

1 taza de espinaca fresca

5 rebanadas gruesas de seitan

¼ taza de leche libre de grasas

1 cucharada de aceite de oliva

1/8 cucharadita de pimienta roja molida

¼ cucharadita de sal

Preparación:

Engrase la sartén con el aceite de oliva. Caliente a fuego medio-alto. Mientras, bata el puré de tofu, los frijoles cannellini en puré, la espinaca y la leche libre de grasas. Vierta en la sartén y revuelva durante 3-4 minutos. Agregue las rebanadas de seitan, la pimienta molida y la sal. Apague el fuego, pero mantenga la sartén sobre la hornilla hasta que el seitán se caliente.

Valor nutricional por 100g:

Carbohidratos 12g

Azúcar 2 g

Proteínas 11g

Grasas totales 3.4g

Sodio 166.9 mg

Potasio 73.1mg

Calcio 21mg

Hierro 5.1mg

Vitaminas (Vitamina A; B-6; B-12; C; D; D2; D3; K; Riboflavina; Niacina; Tiamina; K)

Calorías 146

42. Puré de ciruelas pasas con tofu

Ingredientes:

½ taza de ciruelas pasas en puré

1 taza de tofu suave en puré

¼ taza de leche libre de grasas

1 cucharada de aceite

sal al gusto

Preparación:

Mezcle el puré de ciruelas pasas con el puré de tofu. Triture bien con un tenedor y agregue un poco de sal al gusto – aproximadamente ¼ de cucharadita será suficiente. Engrase la sartén con el aceite. Caliente a fuego medio-alto. Vierta esta mezcla en un sartén y fría durante 3-4 minutos, revolviendo constantemente.

Valor nutricional por 100g:

Carbohidratos 31g

Azúcar 3.8g

Proteínas 27g

Grasas totales 6g

Sodio 412mg

Potasio 623mg

Calcio 171.7mg

Hierro 0.83mg

Vitaminas (Vitamina C ácido ascórbico total; B-6; B-12; Ácido Fólico-DFE; A-RAE; A-IU; E-alfa-tocoferol; D; D-D2+D3; Tiamina; Niacina)

Calorías 283

43. Batatas con polvo de agar

Ingredientes:

4 batatas medianas, peladas

2 cucharadas de polvo de agar

2 cebollas medianas, peladas

1 cucharada de ajo molido

2 cucharadas de aceite de oliva

½ cucharadita de sal marina

¼ cucharadita de pimienta molida

Preparación:

Primero debe disolver las 2 cucharadas de polvo de agar en 2 cucharadas de agua. Bata bien y refrigere durante 15 minutos.

Precaliente el horno a 350 grados. Distribuya el aceite de oliva sobre una bandeja para hornear mediana. Coloque las batatas en la bandeja para hornear. Hornee durante aproximadamente 40 minutos. Retire del horno y deje enfriar por un rato. Baje la temperatura del horno a 200 grados.

Mientras, corte las cebollas en trozos pequeños. Saque el polvo de agar del refrigerador. Bata bien nuevamente. Esto le dará un sustituto de claras de huevo. Corte las batatas en láminas delgadas y colóquelas en un bol. Agregue las cebollas picadas, las claras de huevo, el ajo molido, la sal marina y la pimienta. Mezcle bien.

Valor nutricional por 100g:

Carbohidratos 18g

Azúcar 9.8g

Proteínas 21g

Grasas totales 7g

Sodio 529mg

Potasio 63.1mg

Calcio 21mg

Hierro 8.9mg

Vitaminas (Vitamina A; B-6; B-12; C; D; D2; D3; K; Riboflavina; Niacina; Tiamina; K)

Calorías 120

44. Avena con arándanos

Ingredientes:

1 taza de arándanos frescos

2 tazas de avena en copos

1 cucharada de semillas de calabaza

1 manzana mediana, rebanada

1 taza de yogur Griego de almendras

½ taza de crema de almendras

½ taza de sirope de maple

Preparación:

Precaliente el horno a 350 grados. Distribuya las semillas de calabaza en una bandeja para hornear y tueste durante aproximadamente 5-6 minutos. Debe obtener un color ligeramente marrón.

Hierva los arándanos a temperatura alta. Cocine hasta que se rompan. Agregue la avena, la crema de almendras, las rebanadas de manzana y revuelva bien. Cocine durante otros 7 minutos, o hasta que la avena esté cocida. Incorpore las semillas de calabaza. Retire del fuego y deje reposar durante 10 minutos. Sirva frío con el yogur de almendras y sirope de maple.

Valor nutricional por 100g:

Carbohidratos 25g

Azúcar 13.2g

Proteínas 26.3 g

Grasas totales 11g

Sodio 575 mg

Potasio 92mg

Calcio 28mg

Hierro 9.7mg

Vitaminas (Vitamina A; B-6; B-12; C; D; D2; D3; K; Riboflavina; Niacina; Tiamina; K)

Calorías 194

45. Paté de semillas de chía

Ingredientes:

½ taza de polvo de semillas de chía

¼ taza de semillas de chía

½ taza de tofu suave, en puré

3-4 dientes de ajo

¼ taza de leche libre de grasas

1 cucharada de mostaza

¼ cucharadita de sal

Preparación:

Corte el ajo y mezcle con la mostaza. En un bol grande, mezcle el tofu con la lecha libre de grasas, la sal, el polvo de semillas de chía y las semillas de chía. Mezcle bien y agregue el ajo y la mostaza. Refrigere durante aproximadamente una hora antes de servir. Puede guardarse en el refrigerador hasta 10 días.

Valor nutricional por 100g:

Carbohidratos 13g

Azúcar 5.5g

Proteínas 19.3 g

Grasas totales 4g

Sodio 363.2 mg

Potasio 82.1mg

Calcio 21mg

Hierro 4.3mg

Vitaminas (Vitamina A; B-6; B-12; C; D; D2; D3; K; Riboflavina; Niacina; Tiamina; K)

Calorías 134

46. Tofu suave con pimientos verdes

Ingredientes:

½ taza de tofu suave, en puré

2 pimientos verdes pequeños, picados

¼ cucharadita de pimienta roja

¼ cucharadita de sal marina

1 cucharada de aceite de oliva

Preparación:

Mezcle el tofu con la pimienta roja y la sal marina y mezcle bien utilizando un tenedor.

Caliente el aceite de oliva a fuego medio-alto y fría los pimientos verdes picados durante aproximadamente 10 minutos. Agregue el tofu, revuelva bien y cocine durante otros 3 minutos. Retire del fuego y sirva.

Valor nutricional por 100g:

Carbohidratos 12.1g

Azúcar 4.5g

Proteínas 15 g

Grasas totales 4g

Sodio 263.mg

Potasio 81 mg

Calcio 11mg

Hierro 3mg

Vitaminas (Vitamina A; B-6; B-12; C; D; D2; D3; K; Riboflavina; Niacina; Tiamina; K)

Calorías 111

47. Ensalada de nueces y fresas

Ingredientes:

½ taza de nueces molidas

2 tazas de fresas frescas

1 cucharada de sirope de fresas

2 cucharadas de crema de coco

1 cucharada de azúcar morena

Preparación:

Lave y corte las fresas en trozos pequeños. Mezcle con las nueces molidas en un bol. En otro bol, mezcle el sirope de fresa, la crema de coco y el azúcar morena. Bata bien con un tenedor y utilícelo para cubrir la ensalada.

Valor nutricional por 100g:

Carbohidratos 19g

Azúcar 7.5g

Proteínas 22g

Grasas totales 5.8g

Sodio 532 mg

Potasio 83mg

Calcio 31.3mg

Hierro 7mg

Vitaminas (Vitamina A; B-6; B-12; C; D; D2; D3; K; Riboflavina; Niacina; Tiamina; K)

Calorías 186

48. Receta de ensalada de manzana

Ingredientes:

1 manzana grande

1 taza de espinaca picada

1.5 taza de crema dulce

1 cucharada de jugo de manzana

½ taza de lentejas

1 cucharadita de vinagre de manzana

Preparación:

Lave y pele la manzana. Córtela en rebanadas delgadas. Utilice un bol grande para mezclar la manzana con los otros ingredientes. Condimente con vinagre de manzana y sirva frío.

Valor nutricional por 100g:

Carbohidratos 16.1g

Azúcar 2.5g

Proteínas 23.5 g

Grasas totales 5g

Sodio 567.1 mg

Potasio 84.2mg

Calcio 33mg

Hierro 9.4mg

Vitaminas (Vitamina A; B-6; B-12; C; D; D2; D3; K; Riboflavina; Niacina; Tiamina; K)

Calorías 198

49. Omelet de espinacas

Ingredientes:

½ taza de ciruelas pasas en puré

1 taza de hojas de espinaca bebé, picadas

1 cucharada de cebolla en polvo

¼ cucharadita de pimienta molida

¼ cucharadita de sal marina

1 cucharada de tofu, rallado

1 cucharada de aceite de linaza

Leche libre de grasas, opcional

Preparación:

Mezcle el puré de ciruelas pasas con las hojas de espinaca bebé y el tofu rallado. Bata bien con un tenedor. Condimente con la cebolla en polvo, la pimienta roja y la sal marina.

Si su mezcla está muy espesa, puede agregar un poco de leche libre de grasas.

Caliente el aceite de oliva a fuego medio. Agregue la mezcla de huevos y fría durante 2-3 minutos.

Distribuya esta mezcla en una bandeja para hornear y hornee por otros 15-20 minutos a 200 grados.

Valor nutricional por 100g:

Carbohidratos 18.1g

Azúcar 6.1g

Proteínas 17.5g

Grasas totales 3g

Sodio 112mg

Potasio 43.3mg

Calcio 19mg

Hierro 6mg

Vitaminas (Vitamina A; B-6; B-12; C; D; D2; D3; K; Riboflavina; Niacina; Tiamina; K)

Calorías 97

50. Huevos fritos con menta picada

Ingredientes:

3 huevos

1 cucharada de aceite de oliva

1 cucharada de menta picada

1 taza de tomates cherry

1 cebolla pequeña

pimienta al gusto

sal al gusto

Preparación:

Corte los vegetales en trozos pequeños y cocínelos en un sartén grande a baja temperatura durante aproximadamente 15 minutos. Espere que el agua se evapore. Bata los huevos y agregue la menta picada. Mezcle con los vegetales, agregue el aceite de oliva y fría por algunos minutos. Antes de servir agregue un poco de sal y pimienta al gusto.

Valor nutricional por 100 g:

Carbohidratos 8.1g

Azúcar 4g

Proteínas 28g

Grasas totales (grasas buenas monoinsaturadas) 11.9g

Sodio 176mg

Potasio 174mg

Calcio 17.9mg

Hierro 1.5mg

Vitaminas (Vitamina A; B-6; B-12; C; D; D2; D3; K; Riboflavina; Niacina; Tiamina; K)

Calorías 194

51. Chuletas de ternera con clavos picados

Ingredientes:

2 chuletas de ternera grandes

1 taza de clavo picado

4 cucharadas de aceite de oliva

1 cucharada de perejil deshidratado

1 cucharadita de romero

1 cucharadita de pimienta roja

1 cucharada de jugo de limón

Preparación:

Mezcle bien los clavos, el aceite de oliva, perejil y romero, para obtener una rica salsa. Lave el bistec y colóquelo en una bandeja para hornear. Agregue la salsa y hornee durante 15-20 minutos a 300 grados. Retire del horno, espolvoree con pimienta y el jugo de limón. Decore con algunas hojas de perejil. Deje enfriar durante aproximadamente 10 minutos.

Valor nutricional por 100g:

Carbohidratos 8.2g

Azúcar 4.9g

Proteínas 22g

Grasas totales 9.6g

Sodio 97.2 mg

Potasio 381mg

Calcio 4.5mg

Hierro 5.3mg

Vitaminas (Vitamina A; B-6; B-12; C; D; D2; D3; K; Riboflavina; Niacina; Tiamina; K)

Calorías 216

OTROS GRANDES TÍTULOS DE ESTE AUTOR

www.ingramcontent.com/pod-product-compliance
Lightning Source LLC
Chambersburg PA
CBHW071740080526
44588CB00013B/2099